CONTEÚDO DIGITAL PARA ALUNOS

Cadastre-se e transforme seus estudos em uma experiência única de aprendizado:

 Escaneie o QR Code para acessar a página de cadastro.

 Complete-a com seus dados pessoais e as informações de sua escola.

 Adicione ao cadastro o código do aluno, que garante a exclusividade de acesso.

1362933A3222227

Agora, acesse:
www.editoradobrasil.com.br/leb
e aprenda de forma inovadora e diferente! :D

Lembre-se de que esse código, pessoal e intransferível, é válido por um ano. Guarde-o com cuidado, pois é a única maneira de você utilizar os conteúdos da plataforma.

BRINCANDO COM NATUREZA E SOCIEDADE

Jaime Teles da Silva
Graduado em Pedagogia
Bacharel e licenciado em Educação Física
Especializado em Educação Física Escolar
Professor na rede municipal

Letícia García
Formada em Pedagogia
Professora de Educação Infantil

Vanessa Mendes Carrera
Mestre em Educação
Pós-graduada em Alfabetização e Letramento
Graduada em Pedagogia
Professora de Educação Infantil e do 1º ano
do Ensino Fundamental

Viviane Osso L. da Silva
Pós-graduada em Neurociência Aplicada à Educação
Pós-graduada em Educação Inclusiva
Graduada em Pedagogia
Professora de Educação Infantil e do 1º ano
do Ensino Fundamental

1
Educação Infantil

Dados Internacionais de Catalogação na Publicação (CIP)
(Câmara Brasileira do Livro, SP, Brasil)

> Brincando com natureza e sociedade: educação infantil 1 / Jaime Teles da Silva...[et al.]. – São Paulo: Editora do Brasil, 2019.
>
> Outros autores: Letícia García, Vanessa Mendes Carrera, Viviane Osso L. da Silva.
> ISBN 978-85-10-07762-0 (aluno)
> ISBN 978-85-10-07763-7 (professor)
>
> 1. Educação infantil I. Silva, Jaime Teles da. II. García, Letícia. III. Carrera, Vanessa Mendes. IV. Silva, Viviane Osso L. da.
>
> 19-28085 CDD-372.21

Índices para catálogo sistemático:
1. Educação infantil 372.21
Iolanda Rodrigues Biode - Bibliotecária - CRB-8/1001464

© Editora do Brasil S.A., 2019
Todos os direitos reservados

Direção-geral: Vicente Tortamano Avanso

Direção editorial: Felipe Ramos Poletti
Gerência editorial: Erika Caldin
Supervisão de arte e editoração: Cida Alves
Supervisão de revisão: Dora Helena Feres
Supervisão de iconografia: Léo Burgos
Supervisão de digital: Ethel Shuña Queiroz
Supervisão de controle de processos editoriais: Roseli Said
Supervisão de direitos autorais: Marilisa Bertolone Mendes

Supervisão editorial: Carla Felix Lopes
Coordenação pedagógica: Vanessa Mendes Carrera
Edição: Jamila Nascimento
Assistência editorial: Beatriz Pineiro Villanueva
Auxílio editorial: Marcos Vasconcelos
Copidesque: Gisélia Costa e Ricardo Liberal
Revisão: Andréia Andrade e Rosani Andreani
Pesquisa iconográfica: Isabela Meneses
Assistência de arte: Josiane Batista
Design gráfico: Gabriela César e Megalo Design
Capa: Megalo Design
Imagem de capa: Graziela Andrade
Ilustrações: Bruna Ishihara, Camila Hortencio, Edson Farias, Eduardo Belmiro, Estudio Dois de Nós, Fernando Raposo, Flip Estúdio, Henrique Brum, Kau Bispo, Lilian Gonzaga, Marcos Machado, Paulo Nunes Marques e Rodrigo Arraya
Coordenação de editoração eletrônica: Abdonildo José de Lima Santos
Editoração eletrônica: Adriana Tami e Viviane Yonamine
Licenciamentos de textos e produção fonográfica: Cinthya Utiyama, Jennifer Xavier, Paula Harue Tozaki e Renata Garbellini
Controle de processos editoriais: Bruna Alves, Carlos Nunes, Rafael Machado e Stephanie Paparella

1ª edição / 2ª impressão, 2020
Impresso na Melting Indústria Gráfica.

Rua Conselheiro Nébias, 887
São Paulo/SP – CEP 01203-001
Fone: +55 11 3226-0211

www.editoradobrasil.com.br

APRESENTAÇÃO

QUERIDA CRIANÇA,

VAMOS BRINCAR DE APRENDER? AFINAL, QUEM BRINCA APRENDE!

NESTE LIVRO, VOCÊ VAI CONHECER HISTÓRIAS, APRENDER BRINCADEIRAS, RECITAR CANTIGAS E PARLENDAS, BRINCAR DE ADIVINHAR, PINTAR, DESENHAR, REFLETIR SOBRE SITUAÇÕES DO DIA A DIA E COMPARTILHAR EXPERIÊNCIAS COM OS COLEGAS.

VOCÊ TAMBÉM VAI CRIAR E RECRIAR ARTE DO SEU JEITINHO, EXPLORANDO DIVERSOS MATERIAIS E DESCOBRINDO FORMAS CRIATIVAS DE UTILIZÁ-LOS.

FICOU ANIMADA?

ENTÃO, EMBARQUE NESTA DIVERTIDA APRENDIZAGEM E BOA BRINCADEIRA!

OS AUTORES

SUMÁRIO

BRINCANDO COM CIÊNCIAS ... 6 A 43

DIVERSIDADE DE PESSOAS ...... 6 A 9
DIVERSIDADE FÍSICA; RESPEITO ÀS DIFERENÇAS; CANTIGA.

CORPO HUMANO .... 10 A 12
CANTIGA; PARTES DO CORPO HUMANO E SUAS FUNÇÕES; CONSCIÊNCIA CORPORAL; IDENTIFICAÇÃO DE BRINQUEDOS E BRINCADEIRAS.

ALIMENTAÇÃO SAUDÁVEL .... 13 A 15
HÁBITOS ALIMENTARES SAUDÁVEIS; FRUTAS; ADIVINHA; CANTIGA; TIPOS DE ALIMENTOS; ALIMENTOS QUE DEVEM SER CONSUMIDOS COM MODERAÇÃO.

HÁBITOS DE HIGIENE E SAÚDE ... 16 A 18
HÁBITOS DE HIGIENE; CUIDADOS COM O CORPO; CUIDADOS COM FERIMENTOS; PARLENDA; SAÚDE E BEM-ESTAR.

SENTIDOS .... 19 A 23
CINCO SENTIDOS; ÓRGÃOS DOS SENTIDOS; PARTES DO CORPO; ADIVINHA.

RECURSOS NATURAIS E DESPERDÍCIO .... 24 A 26
RECURSOS NATURAIS; POLUIÇÃO; DESCARTE DO LIXO; CANTIGA; PRESERVAÇÃO DA NATUREZA; REUTILIZAÇÃO DE MATERIAIS; BRINCANDO COM ARTE.

LIXO .... 27 E 28
RECICLAGEM DO LIXO; CIDADANIA; DESCARTE DO LIXO; PRESERVAÇÃO DO MEIO AMBIENTE; BEM-ESTAR E SAÚDE.

SERES VIVOS E ELEMENTOS NÃO VIVOS .... 29 A 31
SERES VIVOS; ELEMENTOS NÃO VIVOS; CANTIGA; RESPEITO A TODAS AS ESPÉCIES.

ANIMAIS .... 32 A 36
ANIMAIS DE SÍTIO, DA SELVA, DOMÉSTICOS, ADULTOS E FILHOTES, QUE NASCEM DE OVOS; CICLO DE VIDA; ALIMENTAÇÃO.

PLANTAS .... 37 A 41
CICLO DE VIDA; PARTES DAS PLANTAS; CUIDADOS COM AS PLANTAS.

DIA E NOITE .... 42 E 43
CARACTERÍSTICAS DO DIA E DA NOITE.

BRINCANDO COM HISTÓRIA ... 44 A 69

IDENTIDADE .... 44 A 48
NOME; AUTORRETRATO; POEMA; PASSAGEM DO TEMPO; AUTONOMIA; CANTIGA; IDADE; CARACTERÍSTICAS FÍSICAS PESSOAIS E DOS OUTROS.

FAMÍLIAS .... 49 A 53
TIPOS DE FAMÍLIA; MEMBROS DA FAMÍLIA; NARRATIVA; ATIVIDADES EM FAMÍLIA; REGISTRO DA PASSAGEM DO TEMPO; BRINCADEIRAS DE ANTIGAMENTE × BRINCADEIRAS DA ATUALIDADE; CANTIGA; MUDANÇAS NA FAMÍLIA.

NÃO ESTOU SOZINHO .... 54 A 57
VIDA EM SOCIEDADE; VIZINHOS E PESSOAS DO ENTORNO; POEMA; AMIGOS; REGRAS DE CONVIVÊNCIA; RESPEITO AO PRÓXIMO.

PASSAGEM DO TEMPO .... 58 A 60
MARCAÇÃO DO TEMPO; ANTIGO × ATUAL; ADIVINHA; TRANSFORMAÇÕES AO LONGO DO TEMPO.

OUTRAS CULTURAS .... 61 A 63
DIVERSIDADE CULTURAL; CULTURA DOS AVÓS; OBJETOS DE OUTRAS CULTURAS; MANIFESTAÇÕES CULTURAIS BRASILEIRAS E DE OUTROS PAÍSES.

CULTURA AFRO-BRASILEIRA ..... 64 E 65
CULTURAS DE POVOS AFRODESCENDENTES; SAMBA; INSTRUMENTOS MUSICAIS DO SAMBA; CANTIGA.

CULTURA INDÍGENA .... 66 E 67
CULTURAS DOS POVOS INDÍGENAS; OBJETOS DE CULTURA INDÍGENA; COLAGEM DE FOTOGRAFIA; BRINCANDO COM ARTE.

ARTE E CULTURA .... 68 E 69
ESPAÇOS DE ARTE; OBRAS DE ARTE; RELEITURA DE OBRA DE ARTE.

BRINCANDO COM GEOGRAFIA .... 70 A 105

EXPLORANDO ESPAÇOS .... 70 A 73
DIFERENTES ESPAÇOS; ESPAÇOS DE LAZER; CANTIGA; ATIVIDADES ESPECÍFICAS PARA CADA ESPAÇO.

A CASA .... 74 A 78
TIPOS DE MORADIA; MORADIA DA CRIANÇA; BRINCANDO COM ARTE; CÔMODOS E SUAS FUNÇÕES; PREFERÊNCIAS NA MORADIA; ADIVINHA.

A ESCOLA .... 79 A 81
TIPOS DE ESCOLA; ESPAÇOS DA ESCOLA E SUAS ATIVIDADES; QUADRINHA; ESCOLA DA CRIANÇA.

CIDADANIA .... 82 E 83
REGRAS DE CONVIVÊNCIA; CIDADANIA; RESPEITO À NATUREZA E ÀS DEMAIS PESSOAS.

O TEMPO – CONDIÇÕES ATMOSFÉRICAS .... 84 E 85
FENÔMENOS CLIMÁTICOS; POEMA; OBSERVAÇÃO DO CÉU; O TEMPO HOJE; VARIAÇÕES DE CLIMA; ATIVIDADES PARA CADA CLIMA.

TRANSFORMAÇÃO DO ESPAÇO .... 86 E 87
MUDANÇAS NAS PAISAGENS; INTERVENÇÃO DOS SERES HUMANOS NO ESPAÇO.

PROFISSÕES .... 88 A 90
DIFERENTES PROFISSÕES E RESPECTIVOS INSTRUMENTOS DE TRABALHO; CANTIGA; IMPORTÂNCIA DAS PROFISSÕES.

OBSERVANDO A PAISAGEM ...... 91 A 93
PAISAGENS; DIFERENTES RELEVOS; HIDROGRAFIA.

LOCALIZAÇÃO DE UM ELEMENTO NO ESPAÇO .... 94 E 95
LOCALIZAÇÃO NO ESPAÇO; POEMA; ESPACIALIDADE.

ALFABETIZAÇÃO CARTOGRÁFICA .... 96 E 97
DIREÇÃO; PROPORÇÃO; CANTIGA.

MEIOS DE COMUNICAÇÃO ...... 98 A 100
DIFERENTES MEIOS DE COMUNICAÇÃO; FUNÇÕES DOS MEIOS DE COMUNICAÇÃO.

MEIOS DE TRANSPORTE .... 101 A 103
DIFERENTES MEIOS DE TRANSPORTE.

RESPEITO À SINALIZAÇÃO ...... 104 E 105
REGRAS DE SEGURANÇA NO TRÂNSITO; CANTIGA; CORES DO SEMÁFORO DE PEDESTRES.

BRINCANDO COM DATAS COMEMORATIVAS ..... 106 A 128

CARNAVAL 106
PÁSCOA 107
DIA NACIONAL DO LIVRO INFANTIL ... 109
DIA DO ÍNDIO 110
DESCOBRIMENTO DO BRASIL 111
DIA DO TRABALHO 112
DIA DAS MÃES 113
FESTAS JUNINAS 115
DIA DO MEIO AMBIENTE 116
DIA DOS PAIS 117
DIA DO FOLCLORE 119
DIA DA INDEPENDÊNCIA 120
DIA DA ÁRVORE 121
DIA INTERNACIONAL DO IDOSO 122
DIA DA CRIANÇA 123
DIA DO PROFESSOR 125
DIA DA BANDEIRA 126
DIA DA CONSCIÊNCIA NEGRA 127
NATAL 128

ENCARTES DE ADESIVOS ..... 129 A 136
ENCARTES DE PICOTES ...... 137 A 144

BRINCANDO COM CIÊNCIAS

DIVERSIDADE DE PESSOAS

ESTA É A TURMA DO PEDRO. CONHEÇA OS COLEGAS DELE. DEPOIS, CIRCULE CINCO DIFERENÇAS NA SEGUNDA IMAGEM.

PEDRO

E SUA TURMA, É PARECIDA COM A DE PEDRO?
COLE UMA FOTO DE SUA TURMA AQUI.

QUANTAS CRIANÇAS HÁ EM SUA TURMA?

DESENHE E PINTE OS CABELOS DOS COLEGAS DE PEDRO DE ACORDO COM A CANTIGA.

COM QUEM?
COM QUEM, COM QUEM
A MARIA VAI CASAR?
LOIRO, MORENO,
CARECA, CABELUDO [...]

CANTIGA.

OBSERVE AS BONECAS DE LATA. QUAL É A DIFERENÇA ENTRE ELAS? MARQUE COM **X**.

CORPO HUMANO

CANTE A CANTIGA E CONSERTE A BONECA DE LATA PINTANDO AS PARTES DO CORPO MENCIONADAS.

BONECA DE LATA

MINHA BONECA DE LATA
BATEU A CABEÇA NO CHÃO
LEVOU MAIS DE UMA HORA
PRA FAZER A ARRUMAÇÃO
DESAMASSA DAQUI
PRA FICAR BOA.

MINHA BONECA DE LATA
BATEU O NARIZ NO CHÃO
LEVOU MAIS DE DUAS HORAS
PRA FAZER A ARRUMAÇÃO
DESAMASSA DAQUI
DESAMASSA DALI
PRA FICAR BOA.

MINHA BONECA DE LATA
BATEU O OMBRO NO CHÃO
LEVOU MAIS DE TRÊS HORAS
PRA FAZER A ARRUMAÇÃO
DESAMASSA DAQUI
DESAMASSA DALI
DESAMASSA DAQUI
PRA FICAR BOA.

CANTIGA.

QUE PARTES DO CORPO A BONECA USA EM CADA BRINCADEIRA? OBSERVE-A.

CIRCULE A BRINCADEIRA EM QUE ELA USA AS MÃOS.

COM AS MÃOS BRINCAMOS E TAMBÉM GUARDAMOS OS BRINQUEDOS. LEVE OS BRINQUEDOS ATÉ A CAIXA PARA AJUDAR CAIO. DEPOIS, PINTE-O.

ALIMENTAÇÃO SAUDÁVEL

É MUITO IMPORTANTE ESTARMOS ATENTOS A NOSSA ALIMENTAÇÃO. MARQUE AS FRUTAS COM **X**.

Maks Narodenko/Shutterstock.com

Nik Merkulov/Shutterstock.com

Tim UR/Shutterstock.com

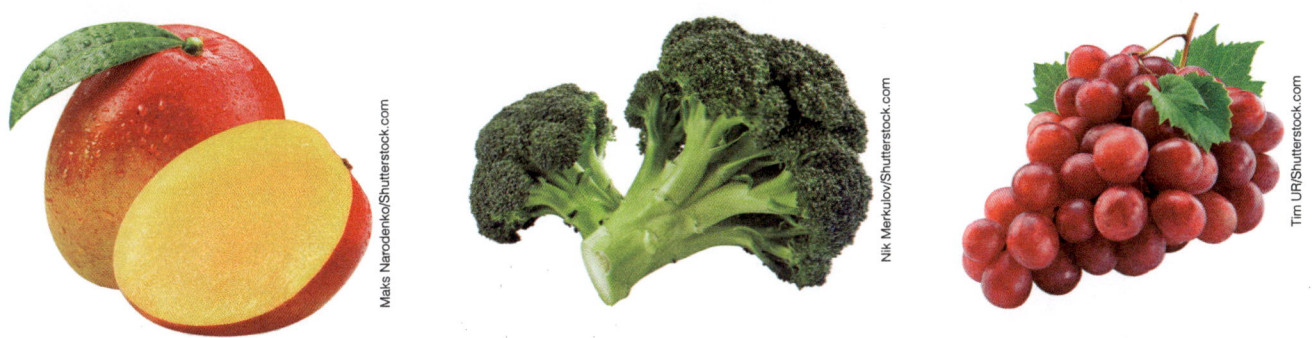

DESENHE A FRUTA QUE VOCÊ MAIS GOSTA DE LEVAR NA LANCHEIRA.

O QUE É, O QUE É?

TEM COROA, MAS NÃO É REI
TEM ESPINHO, MAS NÃO É ROSA.

ADIVINHA.

CANTE A CANTIGA E PINTE O PRATO MAIS SAUDÁVEL.

UM, DOIS, FEIJÃO COM ARROZ

UM, DOIS,
FEIJÃO COM ARROZ.
TRÊS, QUATRO,
FEIJÃO NO PRATO.
[...]

CANTIGA.

ARROZ, FEIJÃO, CARNE, LEGUMES E ABACAXI DE SOBREMESA.

HAMBÚRGUER, BATATA FRITA E BOLO RECHEADO DE SOBREMESA.

DESTAQUE AS FIGURAS DE ALIMENTOS DA PÁGINA 129 E COLE NO PRATO DO JANTAR APENAS O QUE É SAUDÁVEL.

COLE NO QUADRO A SEGUIR O ALIMENTO QUE DEVE SER CONSUMIDO COM MODERAÇÃO.

HÁBITOS DE HIGIENE E SAÚDE

DEPOIS DAS REFEIÇÕES, É HORA DE ESCOVAR OS DENTES.

USE GIZ DE CERA PARA LIGAR CADA CRIANÇA A UMA ESCOVA DE DENTES.

ALÉM DE ESCOVAR OS DENTES, QUE OUTROS CUIDADOS DEVEMOS TER COM NOSSO CORPO?

PINTE AS CENAS NAS QUAIS LARISSA PRECISA DE CUIDADOS COM OS MACHUCADOS.

PIUÍ, ABACAXI!
OLHA O CHÃO PARA NÃO CAIR.
SE CAIR VAI MACHUCAR
E A MAMÃE NÃO VAI GOSTAR.

PARLENDA.

OS CUIDADOS QUE TEMOS COM A LIMPEZA DE NOSSO CORPO SÃO CHAMADOS **HÁBITOS DE HIGIENE**.

PINTE O QUE VOCÊ FAZ PARA MANTER SEU CORPO SEMPRE LIMPO.

DEPOIS, MARQUE COM **X** O QUE VOCÊ FAZ ANTES DAS REFEIÇÕES.

SENTIDOS

COM QUE PARTE DO CORPO SENTIMOS A TEXTURA E A TEMPERATURA DAS COISAS?

CARIMBE SUAS MÃOZINHAS A SEGUIR PARA REPRESENTAR A PELE.

O QUE É, O QUE É?

NO CORPO TEMOS DUAS,
USAMOS PARA BRINCAR
E ANTES DAS REFEIÇÕES PRECISAMOS LAVAR.

ADIVINHA.

COM QUE PARTE DO CORPO ENXERGAMOS?
DESCUBRA A RESPOSTA DA ADIVINHA E PINTE-A.

O QUE É, O QUE É?
FECHAMOS PARA DORMIR
E ABRIMOS AO ACORDAR.
ADIVINHA.

COM QUE PARTE DO CORPO SENTIMOS OS SABORES?
DESCUBRA A RESPOSTA DA ADIVINHA E CIRCULE A RESPOSTA.

O QUE É, O QUE É?
SÓ TEMOS UMA EM NOSSO CORPO,
MAS COM ELA SABOREAMOS TUDO QUE É GOSTOSO.
ADIVINHA.

COM QUE PARTE DO CORPO OUVIMOS?

DESCUBRA A RESPOSTA DA ADIVINHA. DEPOIS, PINTE AS FIGURAS QUE EMITEM SOM.

O QUE É, O QUE É?
TENHO DUAS NO MEU CORPO:
UMA DE UM LADO E UMA DO OUTRO.
COM ELAS EU ESCUTO TODOS OS SONS DO MUNDO.

ADIVINHA.

COM QUE PARTE DO CORPO SENTIMOS OS CHEIROS?
COMPLETE, NO ROSTO DO MENINO, A RESPOSTA DA ADIVINHA.

O QUE É, O QUE É?
NO CORPO SÓ TEM UM.
COM ELE, FLORES EU POSSO CHEIRAR
E O AR RESPIRAR.

ADIVINHA.

RECURSOS NATURAIS E DESPERDÍCIO

GABRIELA E FELIPE BRINCAM COM BALÕES DE FESTA NO PÁTIO DA ESCOLA.

VOCÊ SABE O QUE TEM DENTRO DOS BALÕES? DESCUBRA E PINTE-OS.

ASSIM COMO O AR, A ÁGUA É MUITO IMPORTANTE PARA A VIDA.

COM CANETINHA HIDROCOR **PRETA**, FAÇA UM **X** NOS OBJETOS QUE POLUEM O MAR.

PEIXE VIVO!

COMO PODE UM PEIXE VIVO
VIVER FORA DA ÁGUA FRIA?
COMO PODE UM PEIXE VIVO
VIVER FORA DA ÁGUA FRIA?

CANTIGA.

BRINCANDO COM ARTE

A GARRAFA PET PODE SER REUTILIZADA, NUNCA JOGADA NO MAR. VAMOS FAZER UMA TARTARUGA DE GARRAFA PET? DESTAQUE A FIGURA DA PÁGINA 137 E SIGA O PASSO A PASSO ABAIXO.

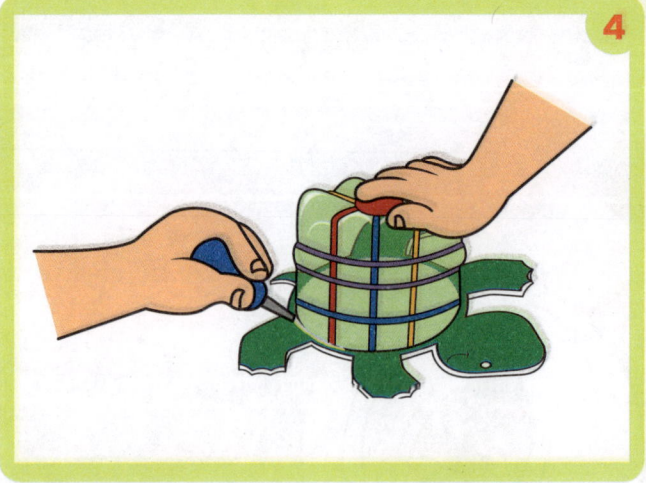

EM UMA FOLHA À PARTE, DESENHE COMO FICOU SUA TARTARUGA.

LIXO

VAMOS APRENDER A JOGAR O LIXO CORRETAMENTE?
LEVE CADA LIXO RECICLÁVEL ATÉ A LATA CORRESPONDENTE.

COMO VOCÊ SE SENTE EM UM AMBIENTE LIMPO? E COMO SE SENTIRIA EM UM AMBIENTE CHEIO DE LIXO?

RECORTE DE JORNAIS E REVISTAS UMA IMAGEM DE AMBIENTE LIMPO E UMA DE AMBIENTE SUJO. COLE-AS A SEGUIR. DEPOIS, DESENHE UMA CARINHA PARA REPRESENTAR COMO VOCÊ SE SENTIRIA EM CADA LUGAR.

EU ME SINTO...

EU ME SINTO...

SERES VIVOS E ELEMENTOS NÃO VIVOS

AO NOSSO REDOR ENCONTRAMOS SERES VIVOS E ELEMENTOS QUE NÃO TÊM VIDA.

COLE BOLINHAS DE PAPEL **AMARELO** NOS SERES VIVOS E PINTE DE **VERMELHO** OS ELEMENTOS NÃO VIVOS.

OS SERES HUMANOS, AS PLANTAS E OS ANIMAIS SÃO SERES VIVOS.
CIRCULE DE **AZUL** SOMENTE OS SERES VIVOS CITADOS NA CANTIGA. DEPOIS, PINTE O SÍTIO.

SEU LOBATO

[...] SEU LOBATO TINHA UM SÍTIO, IA, IA, Ô
E NO SEU SÍTIO TINHA UMA GALINHA, IA, IA, Ô
ERA CÓ, CÓRICÓ PRA CÁ, ERA CÓ, CÓRICÓ PRA LÁ
ERA CÓ, CÓRICÓ PARA TODO LADO, IA, IA, Ô.

SEU LOBATO TINHA UM SÍTIO, IA, IA, Ô
E NO SEU SÍTIO TINHA UMA VACA, IA, IA, Ô
ERA MU, MU, MU PRA CÁ, ERA MU, MU, MU PRA LÁ
ERA MU, MU, MU PARA TODO LADO, IA, IA, Ô.

CANTIGA.

ANIMAIS

CHEGARAM NOVOS ANIMAIS NO SÍTIO DE SEU LOBATO. MAS SERÁ QUE TODOS PODEM FICAR NO SÍTIO?

PINTE DE:

- **VERDE** OS ANIMAIS QUE COSTUMAM VIVER EM SÍTIOS;
- **VERMELHO** OS ANIMAIS QUE COSTUMAM VIVER NA SELVA;
- **AZUL** OS ANIMAIS QUE PODEM VIVER TANTO EM SÍTIOS COMO NA RESIDÊNCIA DAS PESSOAS.

QUEM É FILHO DE QUEM?
COM LÁPIS DE COR, LIGUE CADA FILHOTE A SUA MAMÃE.

DE QUAL OVO NASCEU CADA FILHOTE?
CUBRA OS TRACEJADOS PARA DESCOBRIR.

OS ANIMAIS, COMO TODOS OS SERES VIVOS, NASCEM, CRESCEM, PODEM TER FILHOTES E MORREM.

O PASSARINHO A SEGUIR É UM ANIMAL E, PORTANTO, UM SER VIVO.

NUMERE AS FASES DA VIDA DELE.

O QUE OS ANIMAIS COMEM?

CIRCULE O QUE CADA ANIMAL COSTUMA COMER.

PLANTAS

AS PLANTAS NASCEM, CRESCEM E MORREM, COMO TODO SER VIVO.

DESTAQUE AS FIGURAS DA PÁGINA 129 E COLE-AS NA ORDEM QUE MOSTRA O CRESCIMENTO DA SEMENTE.

AGORA QUE VOCÊ JÁ SABE COMO É UMA ÁRVORE CRESCIDA, PROCURE EM REVISTAS E JORNAIS UMA BEM BONITA, RECORTE-A E COLE-A AQUI.

VEJA ALGUMAS PARTES DAS PLANTAS E PINTE-AS.

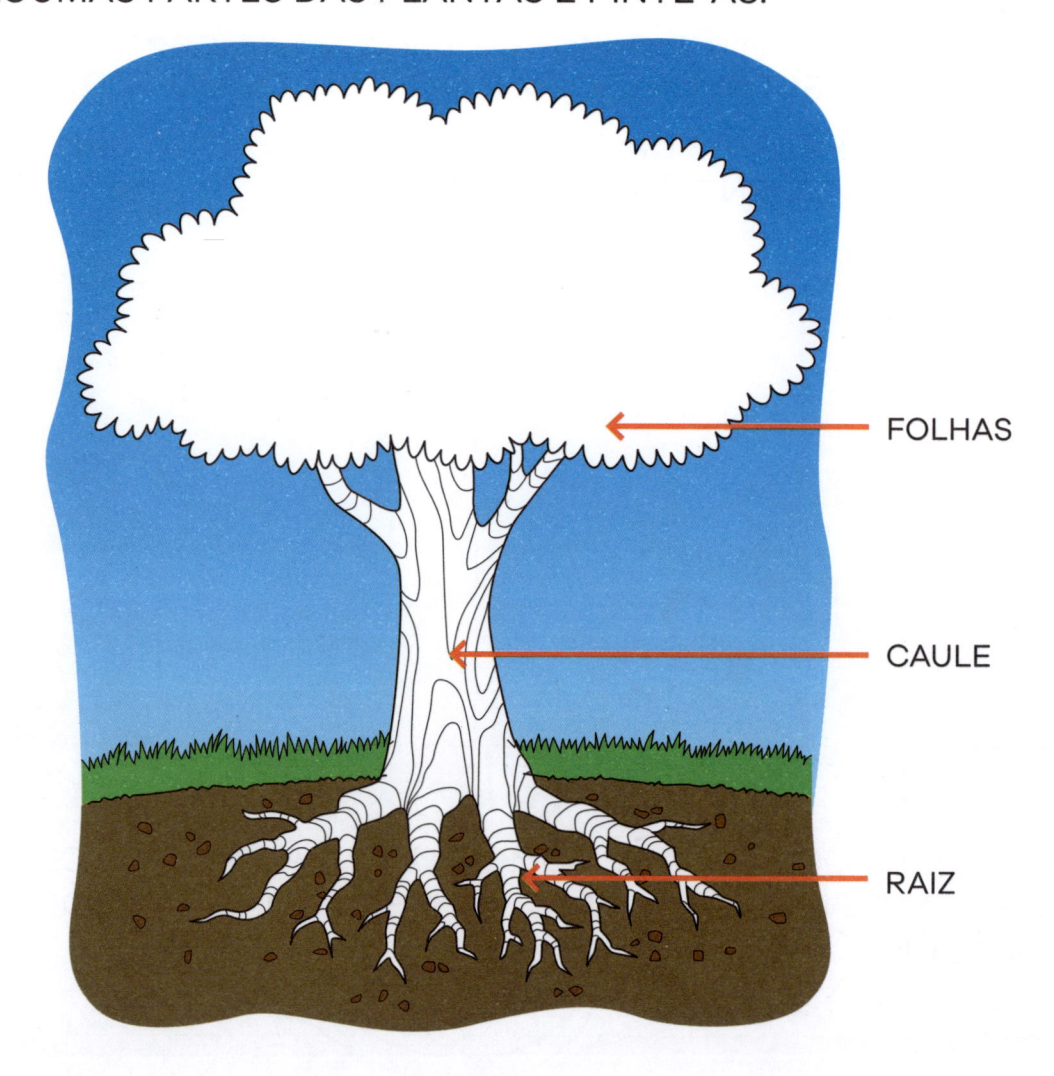

FOLHAS

CAULE

RAIZ

AGORA DESENHE OUTRAS DUAS PARTES DAS PLANTAS.

FLOR

FRUTO

PARA CRESCEREM FORTES E BONITAS, AS PLANTAS PRECISAM DE ÁGUA.

COLE PEDAÇOS DE PAPEL LAMINADO PARA FORMAR AS GOTAS DE ÁGUA DO REGADOR.

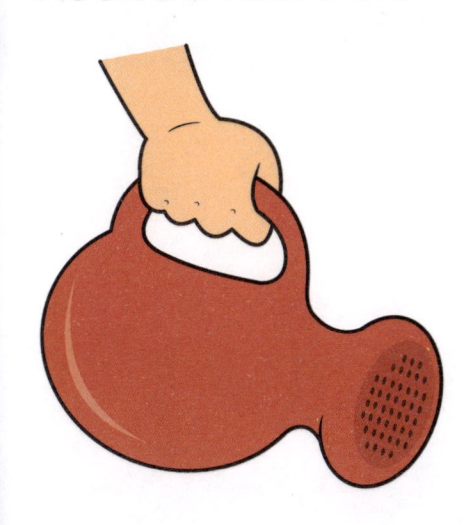

ALÉM DE ÁGUA, AS PLANTAS TAMBÉM PRECISAM DA LUZ DO SOL PARA VIVER.

DESENHE O SOL NA JANELA. DEPOIS, PINTE AS FLORES.

DIA E NOITE

O QUE DIFERENCIA O DIA DA NOITE?

PINTE COM RASPAS DE GIZ DE CERA O CÉU DE DIA E DE NOITE.

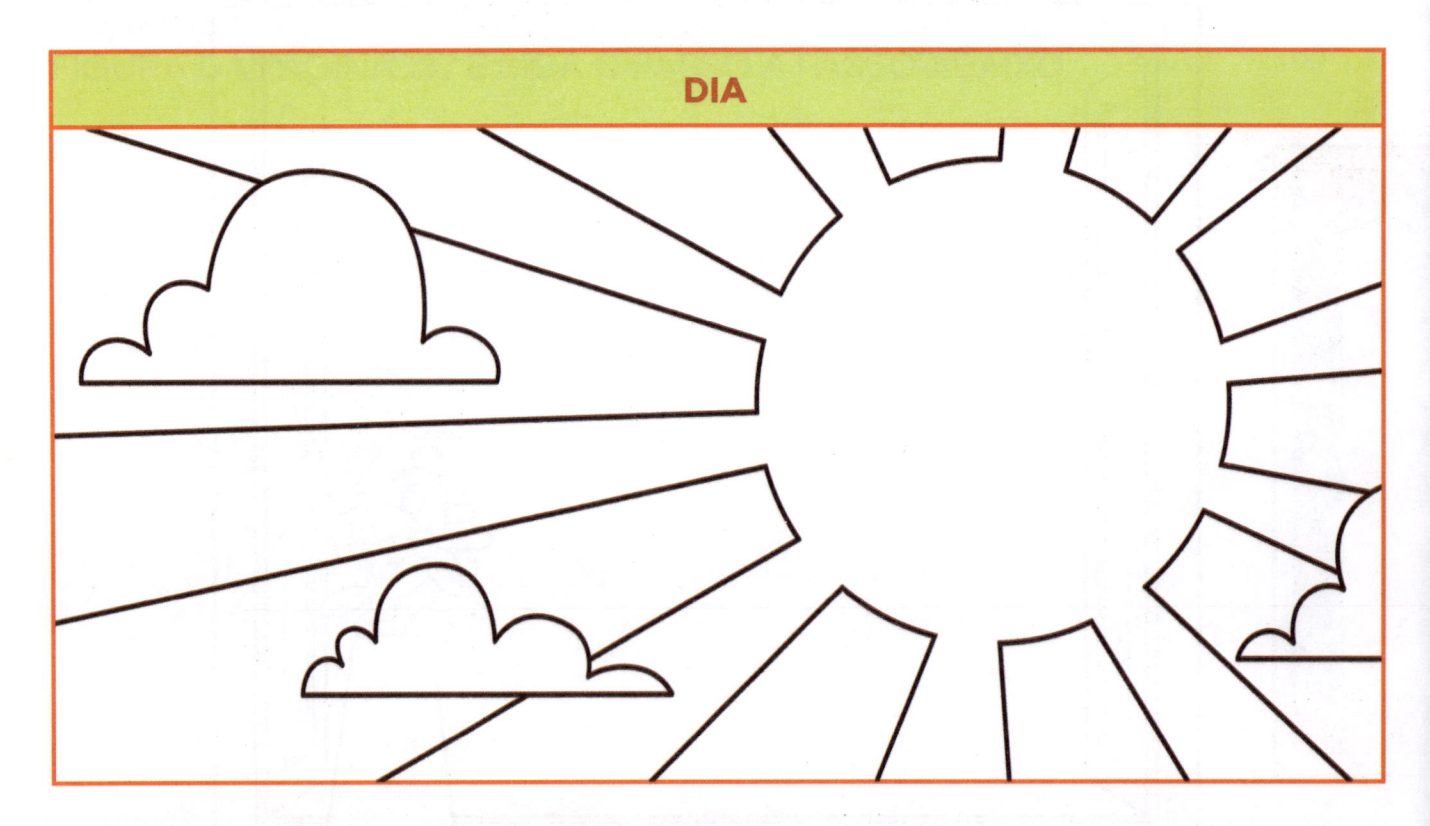

DIA

NOITE

O QUE FAZEMOS DE DIA E O QUE FAZEMOS À NOITE?
ENCONTRE CINCO DIFERENÇAS ENTRE AS IMAGENS E DESCUBRA.

BRINCANDO COM HISTÓRIA

IDENTIDADE

QUAL É SEU NOME? ESCREVA-O.

_____

FAÇA SEU AUTORRETRATO AO LADO DO POEMA.

SOU EU MESMO
EU SÓ QUERIA SER EU MESMO
E ASSIM, QUERENDO,
AI DE MIM!

VOCÊ TEM
OS OLHOS DA VOVÓ.
VOCÊ TEM
A BOCA DA TITIA.
VOCÊ TEM
OS CABELOS DA MAMÃE.
VOCÊ TEM
AS MÃOS DE TIO ANTÔNIO.
VOCÊ TEM
O NARIZ DO PAPAI.
VOCÊ TEM...

PARA, PARA, PARA,
QUERO SER EU MESMO:

E NÃO O FRANKENSTEIN!

SERGIO CAPPARELLI. 111 POEMAS PARA CRIANÇAS. PORTO ALEGRE: L&PM, 2009. P. 75.

COMO VOCÊ ERA QUANDO ERA BEBÊ?

EU ERA ASSIM...
QUANDO EU ERA NENÉM,
NENÉM, NENÉM,
EU ERA ASSIM...
EU ERA ASSIM...
CANTIGA.

PINTE A MOLDURA. DEPOIS, COLE DENTRO DELA UMA FOTOGRAFIA SUA DE QUANDO ERA BEBÊ.

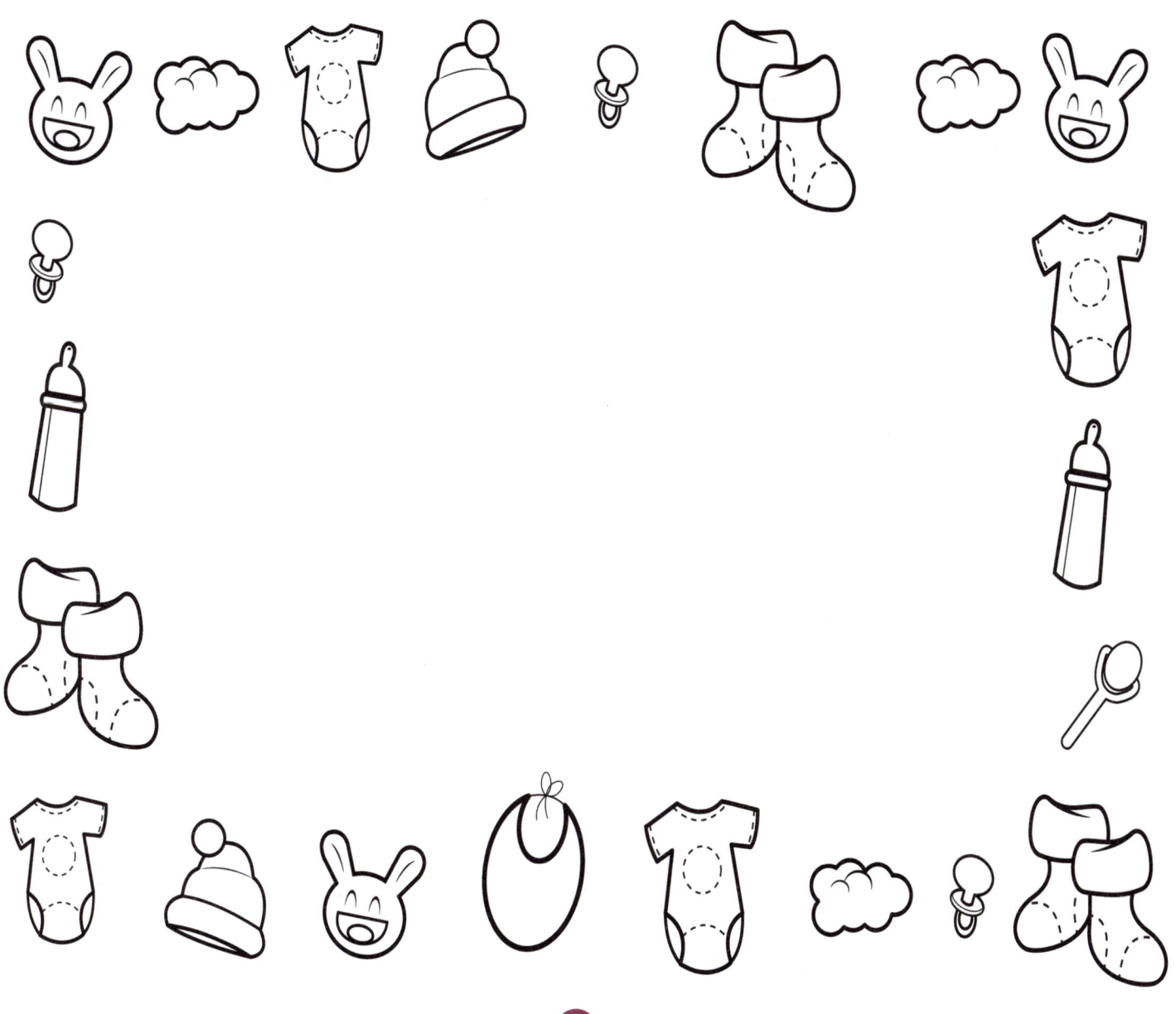

VOCÊ CRESCEU E NÃO É MAIS UM BEBÊ!

PINTE O NÚMERO DE VELAS QUE CORRESPONDE À SUA IDADE.

IDADE

– QUANTOS ANOS TENS, CARLINHOS? PERGUNTOU A TIA INÊS.

– LOGO EU FAÇO SETE ANINHOS, MAS POR ORA TENHO TRÊS.

TATIANA BELINKY. CINCO TROVINHAS PARA DUAS MÃOZINHAS. SÃO PAULO: EDITORA DO BRASIL, 2008. P. 19.

NASCEMOS BEBÊS E NOS DESENVOLVEMOS AO LONGO DA VIDA.

LIGUE OS BEBÊS AOS ADULTOS QUE SE TORNARAM. OBSERVE AS CARACTERÍSTICAS FÍSICAS.

FAMÍLIAS

ANA LÚCIA

AS FAMÍLIAS SÃO DIFERENTES!
VEJA QUANTAS PESSOAS HÁ NA FAMÍLIA DE ANA LÚCIA.

E A SUA FAMÍLIA, COMO É? DESENHE.

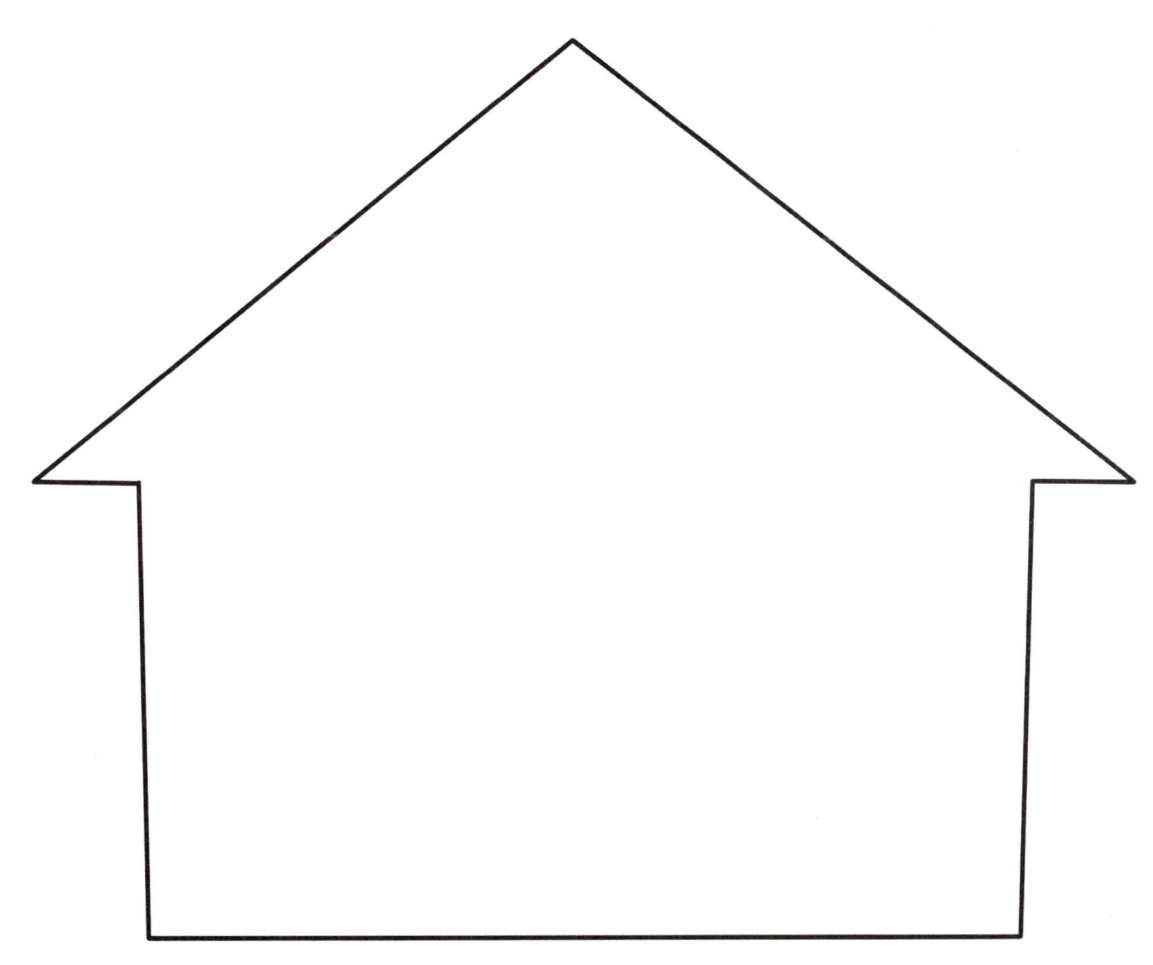

OBSERVE AS FOTOGRAFIAS DE ANA LÚCIA. MARQUE COM **X** OS LUGARES NOS QUAIS VOCÊ TAMBÉM GOSTA DE PASSEAR COM SUA FAMÍLIA.

> MEU BISAVÔ ME DISSE QUE, QUANDO ELE ERA PEQUENO, ACHAVA MUITO DIVERTIDO TIRAR FOTOGRAFIA.
> O FOTÓGRAFO COBRIA A CABEÇA COM UM PANO ESCURO E DIZIA: "OLHA O PASSARINHO!" (QUE ERA PARA AS CRIANÇAS SAÍREM NA FOTO COM UMA CARA ALEGRE). MAS, NAQUELE TEMPO, AINDA NÃO EXISTIA FILMADORA, NEM MÁQUINA DIGITAL, NEM IMPRESSORA, OU CELULARES COM CÂMERA FOTOGRÁFICA!
>
> NYE RIBEIRO. **NO TEMPO DOS MEUS BISAVÓS.** SÃO PAULO: EDITORA DO BRASIL, 2013. P. 6.

CASA DOS AVÓS.

PARQUE DE DIVERSÕES.

CLUBE.

PARQUE ECOLÓGICO.

ZOOLÓGICO.

CINEMA.

ANA LÚCIA GOSTA DE BRINCAR DAS MESMAS BRINCADEIRAS QUE A AVÓ DELA QUANDO CRIANÇA.

COLE AS FIGURAS DA PÁGINA 139 PARA DESCOBRIR QUAIS SÃO ELAS.

MARQUE UM **X** EM SUA BRINCADEIRA FAVORITA. DEPOIS, CONVERSE COM OS COLEGAS SOBRE OUTRAS BRINCADEIRAS QUE VOCÊ CONHECE.

ANA LÚCIA GANHOU UM IRMÃO MAIS NOVO! ELA ESTÁ AJUDANDO A GUARDAR OS BRINQUEDOS DELE. PINTE A CENA.

O QUE É, O QUE É?
NÃO É MINHA IRMÃ
NEM MEU IRMÃO,
MAS É FILHO DOS MEUS PAIS.
QUEM É?

ADIVINHA.

NÃO ESTOU SOZINHO

OUÇA O POEMA E DEPOIS ESCOLHA UM CAMINHO PARA LEVAR LUCAS E ANA LÚCIA ATÉ A RUA EM QUE MORAM.

AMIGOS DO PEITO

TODO DIA EU VOLTO DA ESCOLA
COM A ANA LÚCIA DA ESQUINA.
DA ESQUINA NÃO É SOBRENOME,
É O ENDEREÇO DA MENINA.

O IRMÃO DELA É MAIS VELHO
E MESMO ASSIM É MEU AMIGO.
SEMPRE, DEPOIS DO ALMOÇO,
ELE JOGA BOLA COMIGO.

CLÁUDIO THEBAS. AMIGOS DO PEITO.
BELO HORIZONTE: FORMATO, 1996. P. 12.

ESTA É A PRAÇA DO BAIRRO ONDE LUCAS E ANA LÚCIA MORAM.

COLE AS FIGURAS DA PÁGINA 131 PARA DESCOBRIR O QUE OS VIZINHOS GOSTAM DE FAZER NA PRAÇA.

AMIGO DO PEITO

O BAIRRO ONDE EU MORO É ASSIM,
TEM GENTE DE TUDO QUE É JEITO.
PESSOAS QUE SÃO MUITO CHATAS,
E UM MONTE DE AMIGO DO PEITO. [...]

CLÁUDIO THEBAS. **AMIGOS DO PEITO.**
BELO HORIZONTE: FORMATO, 1996. P. 13.

LUCAS E ANA LÚCIA SÃO VIZINHOS. LUCAS MORA NA CASA MAIS ALTA E ANA LÚCIA MORA NA CASA MAIS BAIXA.

PINTE DE **VERDE** A CASA DO LUCAS E DE **AMARELO** A CASA DA ANA LÚCIA.

ESTE É ARTHUR. ELE TAMBÉM É VIZINHO DE LUCAS. ELES ESTÃO BRINCANDO NO PÁTIO DO PRÉDIO DE ARTHUR.

COM CANETINHA HIDROCOR, CUBRA O TRACEJADO E COMPLETE A CENA COM O QUE ESTÁ FALTANDO.

AGORA É A VEZ DE ARTHUR ANDAR DE BICICLETA. O QUE LUCAS DEVE FAZER? MARQUE COM **X**.

NÃO EMPRESTAR A BICICLETA.

EMPRESTAR A BICICLETA.

PASSAGEM DO TEMPO

A ESCOLA DE ARTHUR É LINDA! É A MESMA EM QUE SEU AVÔ ESTUDOU. MAS ELA MUDOU MUITO!

OBSERVE AS DUAS SALAS DE AULA E PINTE A MOLDURA DA MAIS ATUAL.

OS OBJETOS DO DIA A DIA TAMBÉM MUDARAM MUITO AO LONGO DO TEMPO.

DESTAQUE AS FIGURAS DA PÁGINA 141 E COLE OS OBJETOS ANTIGOS E ATUAIS NOS QUADROS ABAIXO.

O QUE É, O QUE É?
DÁ VOLTAS, MAS NÃO SAI DO LUGAR.
ADIVINHA.

OBJETOS ANTIGOS	OBJETOS ATUAIS

OUTRAS CULTURAS

AS CRIANÇAS DA SALA DE ARTHUR LEVARAM PARA A ESCOLA OBJETOS DE SEUS AVÓS PARA MOSTRÁ-LOS AOS COLEGAS. PINTE O QUE CADA UMA LEVOU.

VOCÊ CONHECE ALGUM DESSES OBJETOS? CONVERSE COM OS COLEGAS.

O BRASIL É FORMADO POR DIVERSAS CULTURAS.
LIGUE CADA PESSOA AO OBJETO QUE REPRESENTA SUA CULTURA.

E A RIQUEZA CULTURAL DE NOSSO PAÍS NÃO PARA POR AÍ...

OBSERVE ALGUMAS MANIFESTAÇÕES E CIRCULE AS QUE VOCÊ CONHECE.

CULTURA ASIÁTICA.

CULTURA GAÚCHA.

CULTURA NORDESTINA.

CULTURA AFRO-BRASILEIRA.

CULTURA MEXICANA.

VOCÊ CONHECE ALGUMA OUTRA MANIFESTAÇÃO CULTURAL?

CULTURA AFRO-BRASILEIRA

VOCÊ CONHECE O SAMBA? ELE FOI CRIADO POR BRASILEIROS DESCENDENTES DE AFRICANOS.

OBSERVE OS INSTRUMENTOS UTILIZADOS PARA TOCAR SAMBA E CIRCULE O PANDEIRO.

SAMBA LELÊ

SAMBA LELÊ TÁ DOENTE,
TÁ COM A CABEÇA QUEBRADA.
SAMBA LELÊ PRECISAVA
É DE UMAS BOAS PALMADAS.
SAMBA, SAMBA, SAMBA, OH LELÊ
SAMBA, SAMBA, SAMBA, OH LALÁ
SAMBA, SAMBA, SAMBA, OH LELÊ
PISA NA BARRA DA SAIA.

CANTIGA.

MARQUE COM UM **X** A IMAGEM QUE REPRESENTA O SAMBA.

OBSERVE A OBRA DE ARTE. O QUE ESTÁ FALTANDO NELA?

DESTAQUE OS INSTRUMENTOS MUSICAIS DA PÁGINA 131 E COLE-OS NA PINTURA.

ZÉ CORDEIRO. **OS MÚSICOS**, 1990. ÓLEO SOBRE TELA, 130 × 90 CM.

PINTE O INSTRUMENTO QUE NÃO APARECEU NA OBRA DE ARTE.

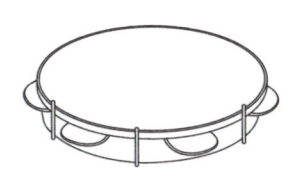

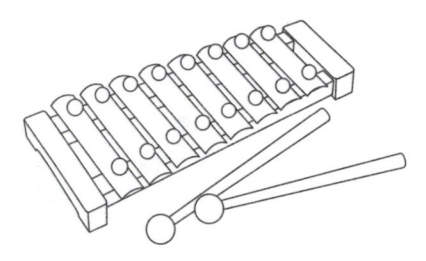

CULTURA INDÍGENA

OS INDÍGENAS SÃO OS PRIMEIROS BRASILEIROS.
COMPLETE A PINTURA CORPORAL DESTE INDÍGENA DA TRIBO KRAHÔ.

BRINCANDO COM ARTE

VAMOS FAZER UMA REPRESENTAÇÃO DE COLAR INDÍGENA?

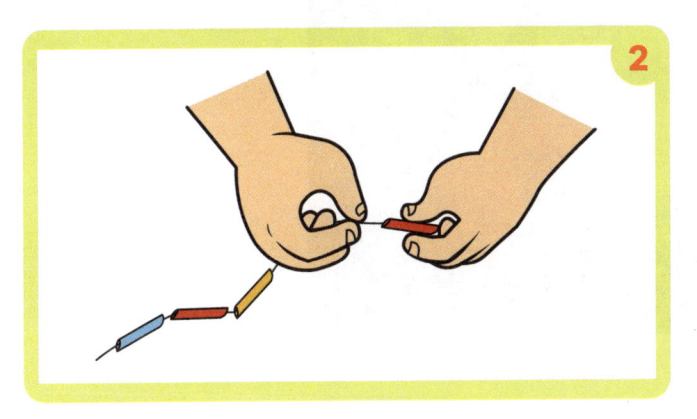

COLE AQUI UMA FOTOGRAFIA DE VOCÊ USANDO O COLAR.

ARTE E CULTURA

A ESCOLA DE MARINA APRESENTARÁ UMA PEÇA DE TEATRO. VOCÊ JÁ FOI A UM TEATRO? SABE COMO É? FAÇA UMA ◯ NA IMAGEM QUE REPRESENTA UM TEATRO.

EM UM MUSEU DE ARTE, HÁ MUITOS QUADROS EM EXPOSIÇÃO. ESTE É **O VENDEDOR DE FRUTAS**, DE TARSILA DO AMARAL.

PINTE O QUADRO ABAIXO USANDO AS CORES QUE PREFERIR.

BRINCANDO COM
GEOGRAFIA

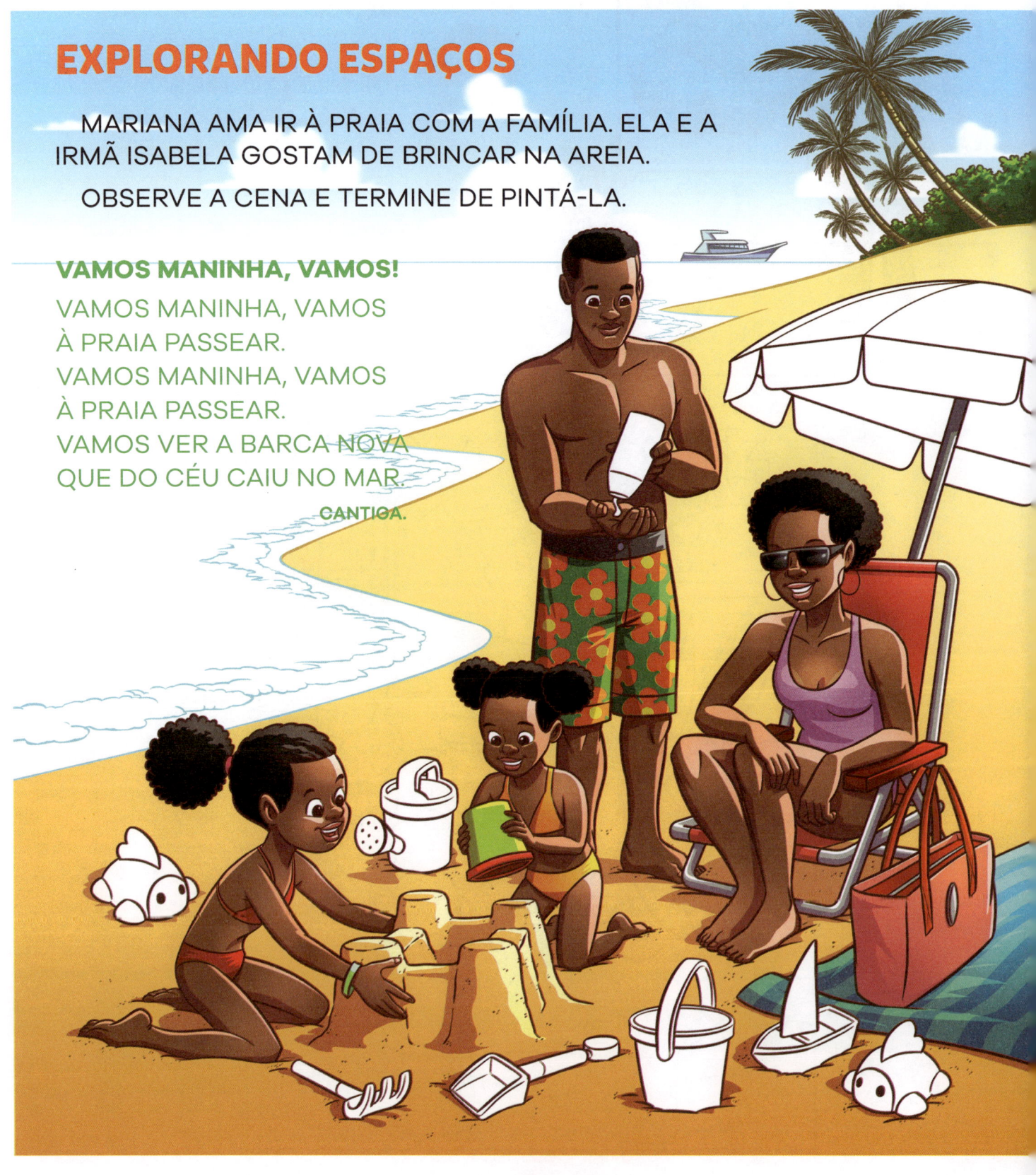

EXPLORANDO ESPAÇOS

MARIANA AMA IR À PRAIA COM A FAMÍLIA. ELA E A IRMÃ ISABELA GOSTAM DE BRINCAR NA AREIA.

OBSERVE A CENA E TERMINE DE PINTÁ-LA.

VAMOS MANINHA, VAMOS!

VAMOS MANINHA, VAMOS
À PRAIA PASSEAR.
VAMOS MANINHA, VAMOS
À PRAIA PASSEAR.
VAMOS VER A BARCA NOVA
QUE DO CÉU CAIU NO MAR.

CANTIGA.

ALÉM DE IR À PRAIA, ISABELA GOSTA DE IR AO PARQUE COM A FAMÍLIA. COLE AS FIGURAS DA PÁGINA 133 E COMPLETE A CENA.

ISABELA E A IRMÃ FORAM VISITAR OS TIOS, QUE MORAM EM UM SÍTIO. QUE ATIVIDADES PODEMOS FAZER NESSE LUGAR? CIRCULE AS ATIVIDADES QUE VOCÊ GOSTARIA DE FAZER.

QUANDO ESTÁ EM CASA, ISABELA APROVEITA PARA BRINCAR COM O CACHORRO E A FAMÍLIA.

CUBRA O TRACEJADO E PINTE A CASA DELA.

A CASA

PASSEAR É BOM, MAS NOSSA CASA TAMBÉM É UM LUGAR ESPECIAL.

EM QUE TIPO DE CASA VOCÊ MORA? MARQUE COM UM **X** A QUE MAIS SE PARECE COM SUA MORADIA.

CASA DE ALVENARIA.

CASA DE MADEIRA.

PRÉDIO.

DESENHE O LUGAR EM QUE VOCÊ MORA.

BRINCANDO COM ARTE

VAMOS CONSTRUIR UMA CASA COM CAIXAS DE SAPATO?

CADA CAIXA REPRESENTARÁ UM CÔMODO DA CASA. SIGA AS INSTRUÇÕES DO PROFESSOR.

Ilustrações: Fernando Raposo

OBSERVE NOVAMENTE A IMAGEM DA CASA PRONTA E CIRCULE O CÔMODO EM QUE VOCÊ PASSA A MAIOR PARTE DO TEMPO QUANDO ESTÁ EM CASA.

O QUE FAZEMOS EM CADA PARTE DA CASA?
LIGUE O CÔMODO A SUA PRINCIPAL FUNÇÃO.

> **O QUE É, O QUE É?**
> QUAL LUGAR DA CASA ESTÁ SEMPRE COM PRESSA?
> ADIVINHA.

TODO CÔMODO PRECISA DE MÓVEIS.

DESTAQUE OS OBJETOS DA PÁGINA 135 E COLE OS QUE FALTAM NO QUARTO A SEGUIR.

O BANHEIRO É O LUGAR DA CASA ONDE CUIDAMOS DA HIGIENE PESSOAL.

MARQUE UM **X** NAS AÇÕES QUE REALIZAMOS NO BANHEIRO.

A ESCOLA

A ESCOLA É UM LUGAR MUITO IMPORTANTE. AQUI BRINCAMOS, APRENDEMOS E CONVIVEMOS COM ADULTOS E CRIANÇAS.

EM UMA FOLHA À PARTE, DESENHE SUA ESCOLA.

DEPOIS, CIRCULE ABAIXO O QUE VOCÊ MAIS GOSTA DE FAZER NELA.

NA ESCOLA HÁ MUITOS ESPAÇOS PARA BRINCAR E APRENDER. PINTE O ESPAÇO QUE VOCÊ MAIS USA.

EU VOU À ESCOLA.
LÁ É LUGAR DE APRENDER,
MAS NÃO É SÓ ISSO:
MUITOS AMIGOS TAMBÉM VOU FAZER.

QUADRINHA ESCRITA ESPECIALMENTE PARA ESTA OBRA.

QUAIS ATIVIDADES AS CRIANÇAS FARÃO?

AJUDE-AS A CHEGAR AOS ESPAÇOS DA ESCOLA ONDE PODEM FAZER ESSAS ATIVIDADES.

CIDADANIA

PARA CONVIVER BEM NA ESCOLA, PRECISAMOS ADOTAR BOAS ATITUDES.

OBSERVE A CENA E PINTE AS CRIANÇAS QUE ESTÃO TENDO BOAS ATITUDES.

DEVEMOS TER BOAS ATITUDES EM TODOS OS LUGARES E NÃO APENAS NA ESCOLA.

MARQUE UM **X** NAS ATITUDES RUINS.

O TEMPO – CONDIÇÕES ATMOSFÉRICAS

ANDRÉ ESTÁ OBSERVANDO O TEMPO PELA JANELA.

O GUARDA-CHUVA

EM TARDE DE TEMPESTADE,
DE CAPA, CHAPÉU E LUVA,
A MENINA SE PROTEGE
DEBAIXO DO GUARDA-CHUVA.

SINVAL MEDINA E RENATA BUENO. TUBARÃO TOCA TUBA? SÃO PAULO: EDITORA DO BRASIL, 2012. P. 4.

O QUE ELE ESTÁ VENDO? CIRCULE A RESPOSTA.

COMO ESTÁ O DIA DE HOJE?

OBSERVE O TEMPO LÁ FORA E PINTE O SÍMBOLO QUE CORRESPONDE AO DIA DE HOJE.

JOANA GOSTA DE BRINCAR NO QUINTAL DE CASA.

QUAL É A MELHOR CONDIÇÃO DO TEMPO PARA ISSO? DESENHE.

TRANSFORMAÇÃO DO ESPAÇO

A CASA ONDE JOANA MORA É NOVA.

VEJA COMO ERA O LUGAR ANTES E DEPOIS DA CONSTRUÇÃO DA CASA. EM SEGUIDA, PINTE-A.

O QUE ACONTECEU COM O BAIRRO DE JOANA?

CIRCULE OS ELEMENTOS QUE FORAM CONSTRUÍDOS NA SEGUNDA IMAGEM.

PROFISSÕES

O PEDREIRO É UM DOS RESPONSÁVEIS PELA CONSTRUÇÃO DE UMA CASA.

DESTAQUE OS TIJOLOS DA PÁGINA 143 E COLE-OS PARA TERMINAR DE CONSTRUIR A PAREDE.

VOCÊ CONHECE ESTAS PROFISSÕES?
LEVE OS PROFISSIONAIS A SEUS INSTRUMENTOS DE TRABALHO.

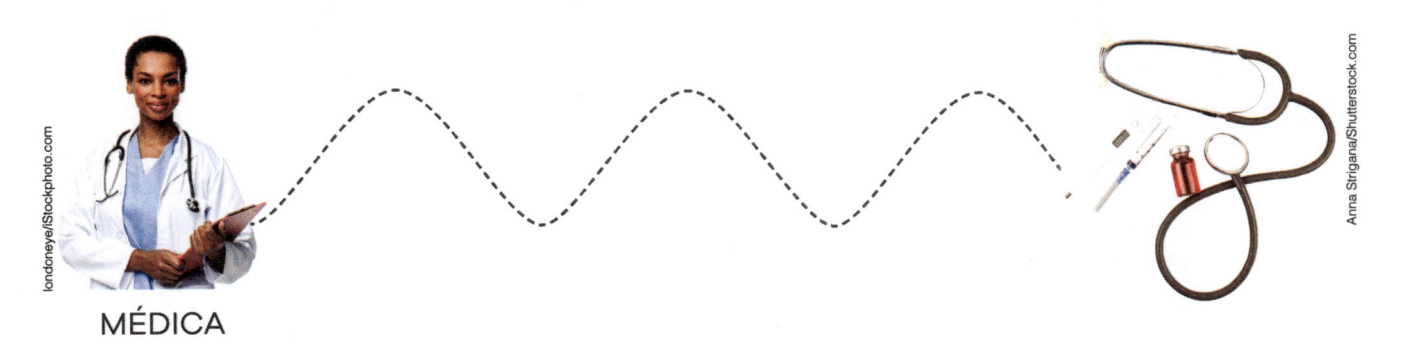

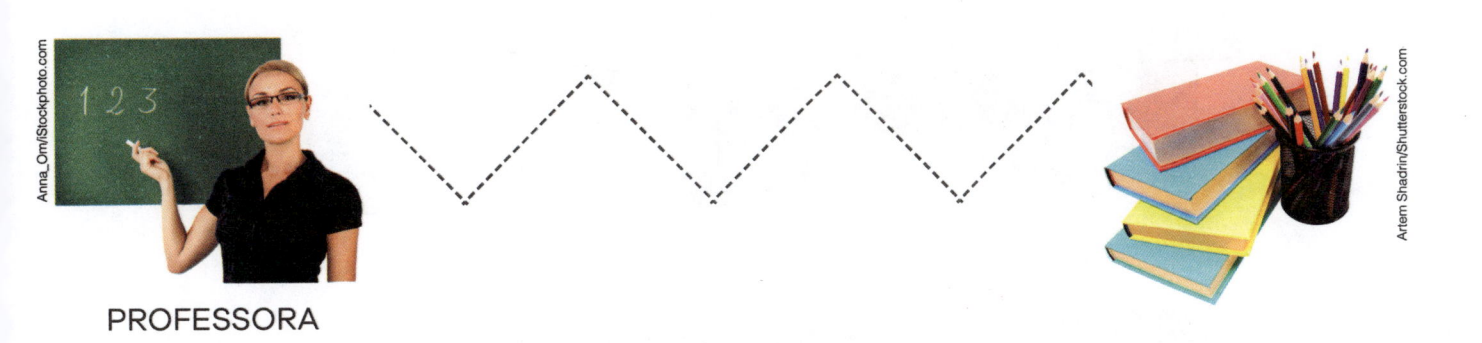

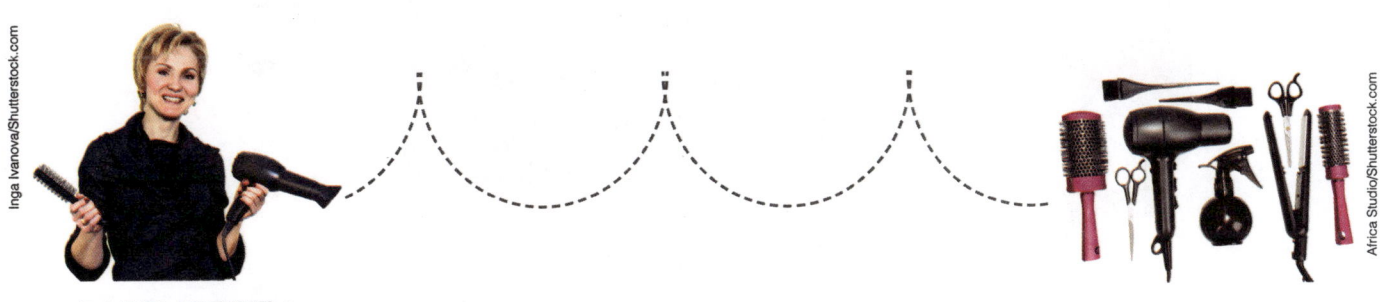

MÉDICA

PROFESSORA

CABELEIREIRA

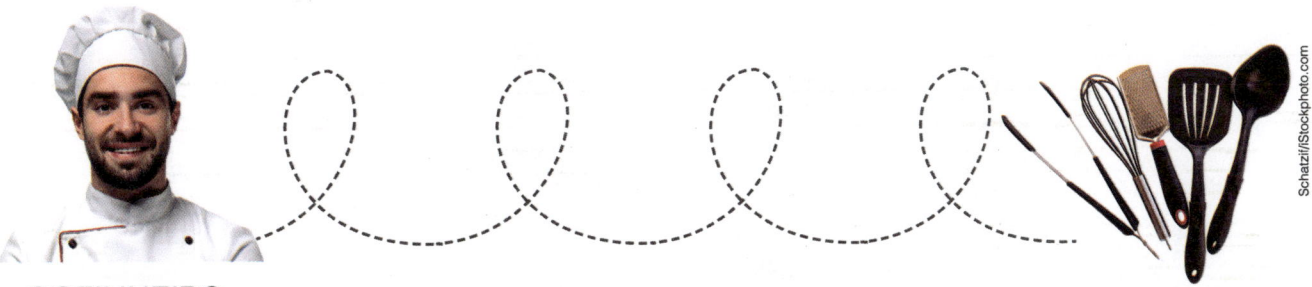

COZINHEIRO

O MOTORISTA PODE DIRIGIR DIFERENTES VEÍCULOS.

- PINTE DE **VERMELHO** A CAMISA DO MOTORISTA DE CAMINHÃO.
- PINTE DE **AZUL** A CAMISA DA MOTORISTA DE ÔNIBUS.
- PINTE DE **AMARELO** A CAMISA DA MOTORISTA DE TÁXI..

OBSERVANDO A PAISAGEM

O MOTORISTA DO CAMINHÃO PRECISA CHEGAR A PERNAMBUCO.

DESTAQUE O CAMINHÃO DA PÁGINA 135 E COLE-O NO CAMINHO QUE PARECE SER O MAIS FÁCIL.

DURANTE A VIAGEM, O MOTORISTA PASSOU POR ALGUMAS PONTES E VIU ALGUNS RIOS.

PINTE A MOLDURA DO RIO QUE ESTÁ LIMPO.

O MOTORISTA CHEGOU A PERNAMBUCO E ENCONTROU O RIO IPOJUCA.

OBSERVE A FOTOGRAFIA QUE ELE TIROU DO RIO E MARQUE UM **X** EM TODO LIXO QUE ENCONTRAR.

AGORA, DESENHE COMO FICOU O RIO DEPOIS DE LIMPO.

LOCALIZAÇÃO DE UM ELEMENTO NO ESPAÇO

QUE LINDA PAISAGEM!

CIRCULE COM CANETINHA HIDROCOR O QUE ESTÁ **DENTRO** DO RIO.

A CANA E O RIO

– Ô AMIGO – DIZ O RIO –
VAMOS FAZER UM DUETO,
TU CANTAS DO ALTO DA CANA,
EU, DO FUNDO DO MEU LEITO.

SINVAL MEDINA E RENATA BUENO.
TUBARÃO TOCA TUBA? SÃO PAULO:
EDITORA DO BRASIL, 2012. P. 19.

OBSERVE A CENA E PINTE APENAS O QUE ESTÁ **EM CIMA** DA ÁGUA DO RIO.

ALFABETIZAÇÃO CARTOGRÁFICA

FAÇA UMA LINHA EM VOLTA DOS PEIXES QUE ESTÃO NADANDO NA MESMA DIREÇÃO.

HENRIQUE GANHOU TRÊS PEIXINHOS. PINTE-OS E LIGUE CADA UM AO AQUÁRIO DE SEU TAMANHO.

PEIXINHO NO AQUÁRIO

EU TENHO UM PEIXINHO NO AQUÁRIO
COLORIDO E BRINCALHÃO.
GIRA, GIRA,
QUE MERGULHO
SÓ PRA CHAMAR ATENÇÃO!

CANTIGA.

MEIOS DE COMUNICAÇÃO

VANESSA QUER FALAR COM UMA AMIGA QUE MORA LONGE. CIRCULE OS MEIOS DE COMUNICAÇÃO QUE ELA PODE USAR.

QUAIS MEIOS DE COMUNICAÇÃO USAMOS NO NOSSO DIA A DIA? DESTAQUE OS MEIOS DE COMUNICAÇÃO DA PÁGINA 143 E COLE AS FIGURAS NAS CENAS.

MEIOS DE TRANSPORTE

O PAI DE VANESSA TRABALHA EM UM MEIO DE TRANSPORTE QUE SE LOCOMOVE NA ÁGUA.

PINTE COM AQUARELA A CENA QUE MOSTRA ESSE MEIO DE TRANSPORTE.

VANESSA E MARCOS VÃO DE ÔNIBUS ESCOLAR PARA A ESCOLA. CUBRA O TRACEJADO PARA COMPLETAR O DESENHO.

E VOCÊ? QUE MEIO DE TRANSPORTE UTILIZA PARA CHEGAR À ESCOLA? DESENHE-O A SEGUIR.

RESPEITO À SINALIZAÇÃO

MARCOS ESTÁ INDO VIAJAR. ENCONTRE CINCO DIFERENÇAS ENTRE AS CENAS E MARQUE-AS COM **X**.

MOTORISTA

MOTORISTA, MOTORISTA,
OLHA O POSTE, OLHA O POSTE.
NÃO É DE BORRACHA, NÃO É DE BORRACHA,
NÃO É, NÃO! NÃO É, NÃO!

CANTIGA.

É PRECISO TER CUIDADO QUANDO ANDAMOS DE CARRO E TAMBÉM A PÉ NA RUA.

VEJA A SINALIZAÇÃO DO SEMÁFORO PARA PEDESTRES: **VERDE** SIGNIFICA **SIGA** E **VERMELHO** SIGNIFICA **PARE**. PINTE CADA UM.

BRINCANDO COM DATAS COMEMORATIVAS

CARNAVAL

VOCÊ CONHECE O FREVO? É UMA DANÇA DO CARNAVAL DE PERNAMBUCO.

PINTE A SOMBRINHA DOS PASSISTAS.

PÁSCOA

UMA DAS ATIVIDADES MAIS LEGAIS DA PÁSCOA É ENCONTRAR OS OVOS ESCONDIDOS!

RECORTE E MONTE AS PEÇAS DO QUEBRA-CABEÇA PARA ENCONTRAR SEU OVO DE PÁSCOA.

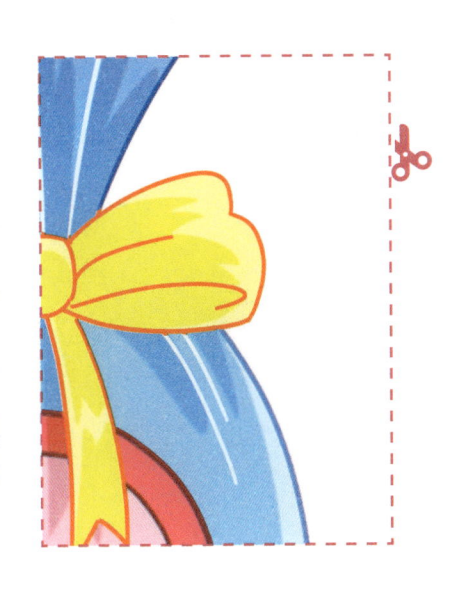

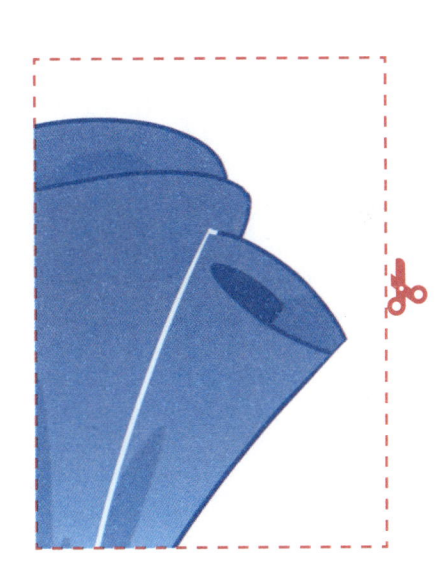

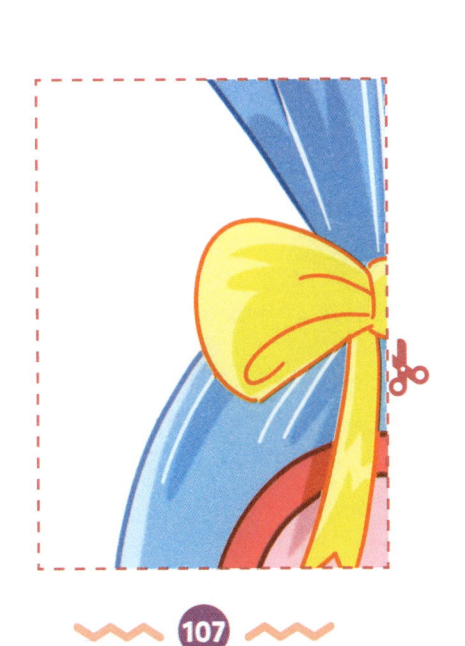

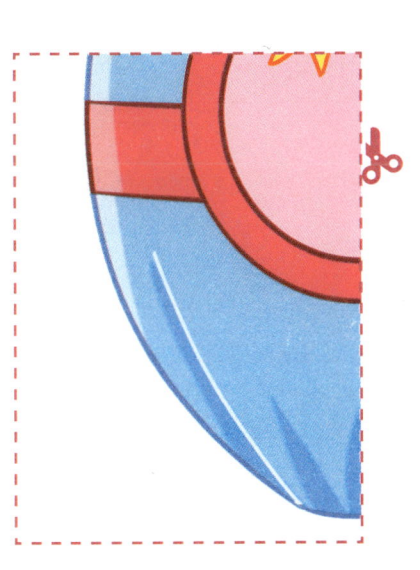

DIA NACIONAL DO LIVRO INFANTIL – 18 DE ABRIL

QUAL É SEU LIVRO FAVORITO?

DESENHE E PINTE A CAPA DELE.

DIA DO ÍNDIO – 19 DE ABRIL

OS POVOS INDÍGENAS SE ALIMENTAM DA CAÇA E DA PESCA.

NESSA PESCARIA, OS INDÍGENAS APANHARAM TRÊS PEIXES. PINTE SOMENTE OS PEIXES QUE ELES PESCARAM.

INDIOZINHOS

UM, DOIS, TRÊS INDIOZINHOS
QUATRO, CINCO, SEIS INDIOZINHOS
SETE, OITO, NOVE INDIOZINHOS
DEZ NUM PEQUENO BOTE.

VINHAM NAVEGANDO PELO RIO ABAIXO
QUANDO UM JACARÉ SE APROXIMOU
E O PEQUENO BOTE DOS INDIOZINHOS
QUASE, QUASE VIROU.

CANTIGA.

DESCOBRIMENTO DO BRASIL – 22 DE ABRIL

OS PORTUGUESES CHEGARAM AO BRASIL NO DIA 22 DE ABRIL DE 1500. LEVE A CARAVELA ATÉ AS TERRAS BRASILEIRAS.

DIA DO TRABALHO – 1º DE MAIO

DESENHE O TRABALHO DA MAMÃE, DO PAPAI OU DE OUTRA PESSOA QUE CUIDA DE VOCÊ.

VOCÊ CONHECE OUTRAS PROFISSÕES?

DIA DAS MÃES – SEGUNDO DOMINGO DE MAIO

QUE TAL FAZER UM LINDO BUQUÊ PARA A MAMÃE OU PARA A PESSOA QUE CUIDA DE VOCÊ?

PINTE E ENFEITE O BUQUÊ COMO DESEJAR. DEPOIS, RECORTE-O E SIGA AS ORIENTAÇÕES DO PROFESSOR.

OSQUINDÔ, LÊ LÊ!

MAMÃE É UMA ROSEIRA
QUE PAPAI COLHEU
E EU SOU UM BOTÃOZINHO
QUE A ROSEIRA DEU.

OSQUINDÔ, LÊ LÊ
OSQUINDÔ, LÊ LÊ LÁ LÁ
OSQUINDÔ, LÊ LÊ
ESTICA A PERNA IÁ IÁ!

CANTIGA.

FESTAS JUNINAS

CONTINUE DESENHANDO AS BANDEIRINHAS E DEPOIS PINTE A CENA.

SONHO DE PAPEL

O BALÃO VAI SUBINDO
VEM CAINDO A GAROA.
O CÉU É TÃO LINDO
E A NOITE É TÃO BOA.

SÃO JOÃO, SÃO JOÃO,
ACENDE A FOGUEIRA
DO MEU CORAÇÃO.

ALBERTO RIBEIRO. COPYRIGHT © 1935 BY MANGIONE, FILHOS & CIA. LTDA.

DIA DO MEIO AMBIENTE – 5 DE JUNHO

VOCÊ SABE CUIDAR DO MEIO AMBIENTE?

CIRCULE AS DEMONSTRAÇÕES DE EDUCAÇÃO E CUIDADO COM O AMBIENTE.

DIA DOS PAIS – SEGUNDO DOMINGO DE AGOSTO

PINTE A MEDALHA, RECORTE-A E ENTREGUE-A AO PAPAI OU À PESSOA QUE CUIDA DE VOCÊ.

MELHOR PAI DO MUNDO

DIA DO FOLCLORE – 22 DE AGOSTO

VOCÊ JÁ OUVIU FALAR DO SACI-PERERÊ? ELE É MUITO TRAVESSO E ESCONDEU ESTES OBJETOS:

ENCONTRE-OS NA CENA E CIRCULE-OS.

DIA DA INDEPENDÊNCIA – 7 DE SETEMBRO

PINTE A CENA QUE REPRESENTA A INDEPENDÊNCIA DO BRASIL.

DIA DA ÁRVORE – 21 DE SETEMBRO

O IPÊ-AMARELO É CONSIDERADO A ÁRVORE SÍMBOLO DO BRASIL, MAS SUAS FLORES PODEM TER OUTRAS CORES TAMBÉM.

PINTE AS FLORES DO IPÊ COM A COR DE QUE VOCÊ MAIS GOSTOU.

DIA INTERNACIONAL DO IDOSO – 1º DE OUTUBRO

PINTE A CENA DO AVÔ BRINCANDO COM O NETO.

DO QUE VOCÊ MAIS GOSTA DE BRINCAR COM SEUS AVÓS OU OUTROS IDOSOS QUE CONHECE?

DIA DA CRIANÇA – 12 DE OUTUBRO

O BOM DE SER CRIANÇA É BRINCAR!

RECORTE O JOGO DA MEMÓRIA E DIVIRTA-SE.

DIA DO PROFESSOR – 15 DE OUTUBRO

O PROFESSOR É ALGUÉM MUITO ESPECIAL!

DESENHE A ATIVIDADE ESCOLAR QUE VOCÊ MAIS GOSTA DE FAZER COM SEU PROFESSOR.

DIA DA BANDEIRA – 19 DE NOVEMBRO

VOCÊ CONHECE A BANDEIRA DO BRASIL?

PINTE AS PARTES DELA COM AS CORES INDICADAS NO CONTORNO.

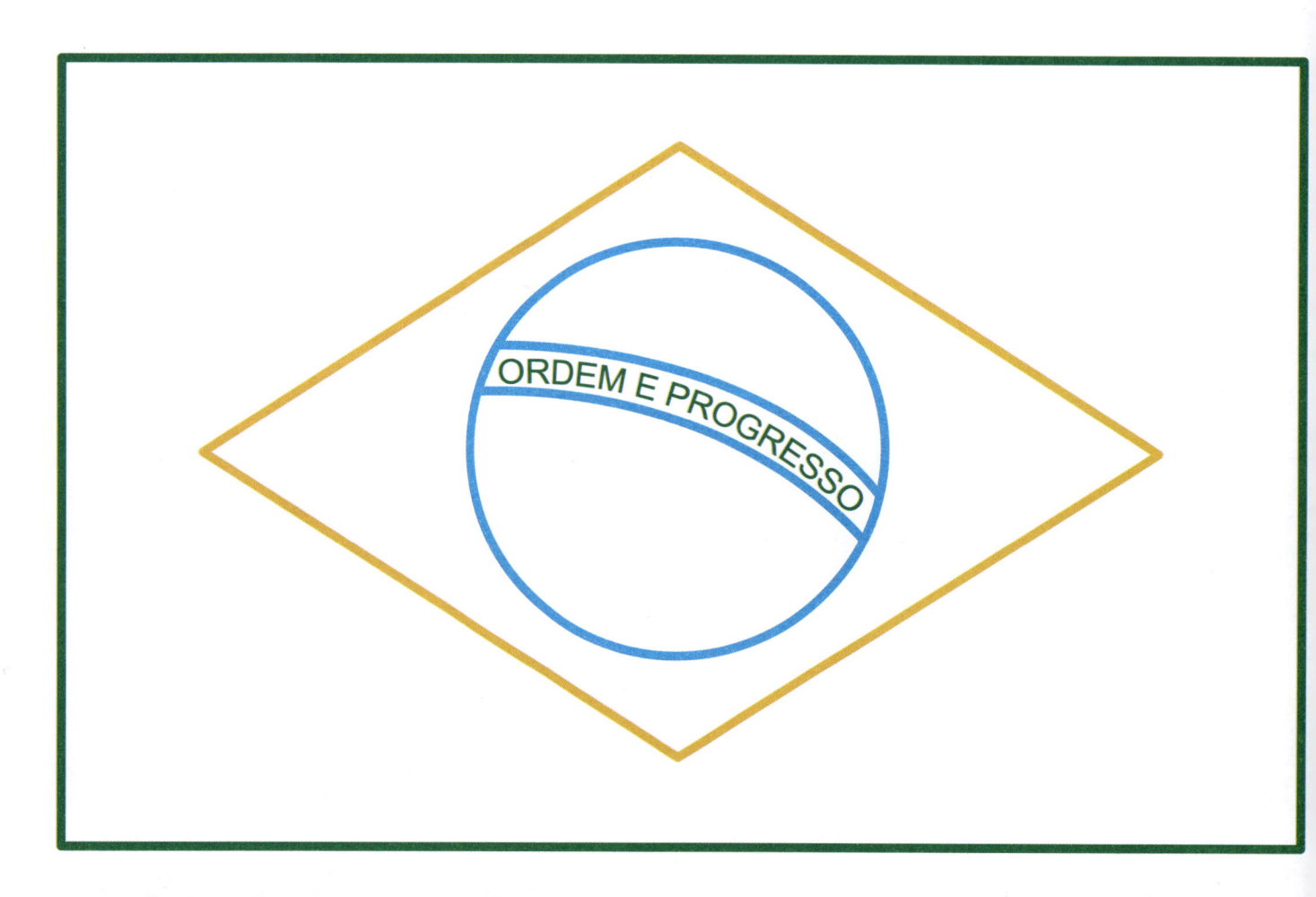

ORDEM E PROGRESSO

CIRCULE A BANDEIRA QUE TEM AS MESMAS CORES DA BANDEIRA DO BRASIL.

GABÃO   BOLÍVIA   ITÁLIA

DIA DA CONSCIÊNCIA NEGRA – 20 DE NOVEMBRO

VOCÊ CONHECE O JONGO? É UMA DANÇA DE ORIGEM AFRICANA. COMPLETE E PINTE OS INSTRUMENTOS.

NATAL – 25 DE DEZEMBRO

MONTAR A ÁRVORE DE NATAL É UMA DAS PRINCIPAIS TRADIÇÕES NATALINAS.

PINTE OS ENFEITES E TERMINE DE DECORÁ-LA.

É NATAL
É NATAL, É NATAL
NOITE DE NATAL
QUE ALEGRIA,
QUE ALEGRIA,
VAMOS FESTEJAR!
CANTIGA.

ENCARTES DE ADESIVOS

PÁGINA 15

PÁGINA 37

129

PÁGINA 55

PÁGINA 65

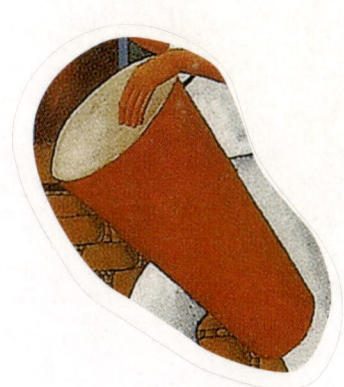

PÁGINA 71

PÁGINA 77

PÁGINA 91

ENCARTES DE PICOTES
PÁGINA 26

PÁGINA 51

PÁGINA 59

PÁGINA 88

PÁGINA 99